Coleção Descobertas com Crianças

UM PASSEIO PELA FILOSOFIA COM CRIANÇAS

Paula Linhares Angerami

Artesã

Ilustrações: Evandro Angerami

APRESENTAÇÃO DA COLEÇÃO

A coleção **DESCOBERTAS COM CRIANÇAS** visa contribuir para reflexão investigativa das crianças sobre assuntos pertinentes à atualidade e também oferecer aos responsáveis, educadores e profissionais da área, um suporte teórico e metodológico de como promover o desenvolvimento do pensar, e o diálogo investigativo a partir da leitura dos livros que compõem esta coleção.

Com ilustrações que, por si só, já promovem a reflexão, juntamente com perguntas objetivas e claras sobre a temática, a coleção apresenta temas a serem investigados de forma profunda e criativa.

SOBRE A AUTORA

MENINOS E MENINAS,

Eu sou a Paula Linhares Angerami, autora do livro **UM PASSEIO PELA FILOSOFIA COM CRIANÇAS**. Sou educadora de crianças e de adultos. Amo filosofar com pessoas de todas as idades. As crianças são quem mais me encantam. A forma como pensam me é apaixonante.

FOTO: EVANDRO ANGERAMI

FAMÍLIA, PROFESSOR E PROFISSIONAL DA ÁREA,

Eu, Paula Linhares Angerami, sou doutora em Educação pela Universidade Estadual Paulista "Júlio de Mesquita Filho" (Unesp), Mestre em Educação pela Montclair State University – EUA, junto ao Institute of Advancement of Philosophy for Children (IAPC). Tenho ampla experiência na educação básica e no ensino superior. Também atuo com a formação de professores, cursos de extensão e profissionalizantes, nas áreas de filosofia, fotografia e tecnologias.

SOBRE O ILUSTRADOR

MENINOS E MENINAS,

E eu sou Evandro Angerami, ilustrador do livro. Sou artista visual educador. Já fiz exposições de pinturas em galerias e museus de diferentes países, como Brasil, Chile, Dinamarca, Colômbia, Estados Unidos, Itália, Inglaterra, França e Espanha.

FOTO: PICO GARCEZ

FAMÍLIA, PROFESSOR E PROFISSIONAL DA ÁREA,

Eu, Evandro Angerami, sou Mestre em Fine Arts pela New York University, artista visual e arte educador, entendo arte e educação como agentes de transformação em um mesmo processo contínuo dentro da sociedade. Meu trabalho é dividido entre o ateliê e as atividades ao ar livre, muitas vezes com as comunidades tradicionais brasileiras.

APRESENTAÇÃO

A investigação filosófica começa com questionamentos que surgem por intermédio de perguntas. Assim, este livro surgiu da ideia de compartilhar a forma como as crianças filosofam. Apresentaremos, portanto, algumas das perguntas que as crianças fazem ao filosofar. As ilustrações que acompanham essas perguntas foram feitas por um artista, inspiradas nos desenhos das crianças.

Este trabalho é fruto dos mais de quinze anos de filosofia para crianças. Nessa trajetória, percorremos ambientes formais e não formais de ensino, pertencentes à rede pública e privada da cidade de São Paulo, onde tivemos a oportunidade de filosofar com crianças de cinco até 12 anos.

Curiosamente, as perguntas feitas pelas crianças, ainda que em diferentes tempos e espaços, assemelham-se. Em razão disso, não identificamos aqui a autoria dessas perguntas. Isso também possibilita que as crianças que ainda não cruzaram por nossas andanças filosóficas, ao se depararem com os questionamentos presentes neste livro, possam também se sentir autoras dessas perguntas!

O QUE É UMA PERGUNTA?

PARA QUE SERVE UMA PERGUNTA?

VOCÊ TEM PERGUNTAS
NA SUA CABEÇA?

VOCÊ FICA
PENSANDO NELAS?

VOCÊ JÁ FICOU QUERENDO SABER O QUE SÃO AS COISAS?

E O PORQUÊ DAS COISAS?

VOCÊ SABIA QUE, ASSIM COMO VOCÊ, MUITAS CRIANÇAS FAZEM PERGUNTAS?

VOCÊ QUER CONHECER ALGUMAS DESTAS PERGUNTAS?

NAS PRÓXIMAS PÁGINAS VOCÊ VERÁ PERGUNTAS FEITAS POR OUTRAS CRIANÇAS

POR QUE AS PESSOAS SÃO TODAS DIFERENTES?

POR QUE O CÉU É AZUL?

POR QUE NÓS TEMOS SENTIMENTOS?

POR QUE DEUS NÃO MORRE?

POR QUE EXISTE A NOITE?

POR QUE ACONTECEM ACIDENTES TRÁGICOS COMO O TSUNAMI?

POR QUE A GENTE MORRE?

POR QUE EXISTE ESCOLA?

ESCOLA

POR QUE A GENTE TRABALHA PARA GANHAR DINHEIRO?

PROMOÇÃO
VENDE
GANHA DINHEIRO
50 REAIS

POR QUE EXISTE O TEMPO?

POR QUE NORMALMENTE
AS CRIANÇAS FAZEM
TANTAS PERGUNTAS OU TÊM
TANTA CURIOSIDADE?

POR QUE OS NÚMEROS SÃO INFINITOS?

12345...

POR QUE A GENTE EXISTE?

AGORA

É A SUA VEZ!

NA PRÓXIMA PÁGINA
ESCREVA A SUA PERGUNTA
E DEPOIS A DESENHE.

ESCREVA AQUI SUA PERGUNTA

DESENHO DA PERGUNTA

ESCREVA AQUI SUA PERGUNTA

DESENHO DA PERGUNTA

ESCREVA AQUI SUA PERGUNTA

DESENHO DA PERGUNTA

ESCREVA AQUI SUA PERGUNTA

DESENHO DA PERGUNTA

PARA A FAMÍLIA, PROFESSOR E PROFISSIONAL DA ÁREA

SOBRE A FILOSOFIA

Definir o que é filosofia não é tarefa fácil, nem para as crianças e nem para os adultos, tampouco o é para os filósofos. Essa dificuldade se dá uma vez que não existe uma definição única e universal do que seja a filosofia. Ou seja, dependerá da concepção de filosofia a que se recorre. Nesse sentido, vamos apresentar algumas dessas definições dos filósofos para melhor justificar o que acabamos de afirmar.

De acordo com Cunha, "a filosofia é uma reflexão sobre a experiência dos homens no mundo real e não uma guardiã da verdade" (CUNHA, 2001, p. 87). Já para Dewey, a filosofia é "o pensamento que se tornou consciente de si mesmo – que generalizou seu lugar, função e valor na experiência" (DEWEY, 1959, p. 359).

Nas palavras de Cerletti,

> A pergunta 'que é filosofia?' constitui um tema próprio e fundamental da filosofia mesma, e não admite, de modo algum, uma resposta única. E mais, cada filosofia (ou cada filósofo) responde a essa pergunta, explícita ou implicitamente, desde o seu horizonte teórico, o que muitas vezes complica até um possível diálogo com outras respostas oferecidas à mesma pergunta desde referências diferentes (CERLETTI, 2009, p.14).

Ainda nessa linha de que não seja tarefa simples definir o que é a filosofia, Savian Filho (2016) afirma que:

> Há uma constelação de filosofias, no plural. Há mesmo quem afirme haver tantas filosofias quantas são os filósofos. Há ainda quem use a imagem das filosofias como ilhas espalhadas no oceano da razão. Algumas dessas ilhas nem sequer se aproximam, outras são vizinhas. Todas, porém, são ligadas pelas águas da razão (SAVIAN FILHO, 2016, p. 22).

Existem, assim, inúmeras possibilidades teóricas para explicitar o sentido da filosofia, e todas elas são justificadas e fundamentadas por argumentos racionais e, de certa forma, buscam explicitar qual o sentido dessa busca filosófica, que é uma atitude que pressupõe uma indagação constante.

Se recorrermos ao filósofo Aristóteles, por exemplo, encontraremos como definição que:

> Os homens começaram a filosofar, agora como na origem, por causa da admiração, na medida em que, inicialmente ficaram perplexos diante das dificuldades mais simples; em seguida, progredindo pouco a pouco, chegaram a enfrentar problemas sempre maiores, por exemplo, os problemas relativos aos fenômenos da Lua e aos do Sol e dos astros, ou os problemas relativos à geração de todo o Universo. Ora, quem experimen-

> ta uma sensação de dúvidas e de admiração reconhece que não sabe [...] (ARISTÓTELES, 2002, p. 11).

O filosofar é, portanto, a capacidade de se admirar com o mundo e, desse modo, encantar-se com o óbvio. Ou ainda, ser capaz de perceber nuances da realidade que, pelo automatismo do cotidiano, passam despercebidas.

A filosofia também pode possibilitar que o mundo seja percebido como um lugar estranho e não habitual. Em outros termos, a reflexão filosófica torna possível pensarmos no que nunca havíamos pensado e percebermos coisas que nunca havíamos percebido. É, pois, uma possibilidade de modificar a nossa percepção habitual do mundo e uma aprendizagem para ver o mundo novamente, como se fosse a primeira vez.

Ademais, assim como os filósofos, as crianças também têm suas próprias definições de filosofia. Dessa maneira, em investigação realizada por nós, averiguamos algumas dessas definições e hipóteses acerca do que é filosofia e compartilhamos agora com vocês.

Para Clara, a filosofia é "um pensamento que ajuda a mente". De acordo com Caio, "a filosofia é uma aula de perguntas e se aprende a pensar". Já segundo Yasmin, "filosofia é aula de perguntas". E Beatriz corrobora a ideia ao afirmar que "a filosofia é uma aula de perguntas e respostas. Na filosofia nós aprendemos e desenhamos". Aqui, mais uma vez, encontramos o caráter investigativo da filosofia, investigação essa que começa com uma pergunta.

Na sequência, temos claramente a constatação de que a filosofia traz ideias novas que não haviam ocorrido anteriormente, como quando Fernando afirma que "filosofia é o que faz a gente pensar. A filosofia é o que faz as crianças pensarem". E Mariana complementa, manifestando que "filosofia é um jeito diferente de expressar os seus pensamentos. A importância da filosofia na minha vida é que eu penso coisas que eu não conseguiria pensar em nenhum lugar".

Isso posto, encontramos nessas definições o caráter investigativo e problemático da filosofia. Assim dizendo, a filosofia faz com que se pense sobre as coisas e, para se pensar sobre algo, para poder investigar algo, é imprescindível que esse algo seja problemático. E problematizar significa transformar situações ou afirmações em problemas, de modo que possam ser investigados. Isso porque, se não houver um problema que nos cause incômodo ou curiosidade, não será possível fazer uma investigação filosófica a seu respeito. A problematização é, portanto, o motor do ato filosófico, é onde ele se inicia. E a sala de aula deve ser um local propício para "se formular perguntas filosóficas com a radicalidade que elas implicam" (CERLETTI, 2009, p. 81). Porém, é importante salientarmos que um problema não é necessariamente problemático e, enquanto tal, tangível de uma reflexão filosófica. O problema não é definido apenas pelo enunciado de algo não conhecido, e sim pela sua "problematicidade". Ou seja, é uma situação que incomoda e que faz com que se queira buscar uma solução.

Continuando com a definição das crianças, Carolina explica a filosofia como "um modo de expressar as coisas como elas são e também definir qual é o assunto das coisas". E continua sua fala dizendo que "a filosofia dá a chance de você ativar o seu cérebro com o dos outros e formar uma resposta com o outro para dar a lógica disso". Percebe-se, nesse caso, o caráter rigoroso da filosofia, na medida em que a filosofia exige que suas investigações e que o pensamento construído sejam sistemáticos. Nessa lógica, conforme afirma Chauí,

> A Filosofia trabalha com enunciados precisos e rigorosos, busca encadeamentos lógicos entre os enunciados, opera com conceitos ou ideias obtidos por procedimentos de demonstração e prova, exige a fundamentação racional do que é enunciado e pensado. [...] O conhecimento filosófico é um trabalho intelectual. É sistemático porque não se contenta em obter respostas para as questões colocadas, mas exige que as próprias questões sejam válidas e, em segundo lugar, que as respostas sejam verdadeiras, estejam relacionadas entre si, esclareçam umas às outras, formem conjuntos coerentes de ideias e significações, sejam provadas e demonstradas racionalmente (CHAUÍ, 2000, p. 13).

Ainda durante o filosofar que acontece na aula de filosofia, os estudantes têm a possibilidade de construir pensamentos sobre o mundo de forma conjunta: é um pensar junto e alto. É uma construção que se dá coletivamente. De acordo com Sharp e Splitter (1995), durante o diálogo que ocorre nas aulas de filosofia, a comunidade investigativa pensa alto, é um pensar conjunto que ocorre em voz alta. Nesse sentido, uma das crianças, o Lucas, afirma que "filosofia é ter esperanças e é pensar alto. A sua importância é para as pessoas pensarem melhor". Para Tomas, "filosofia é pensar em conjunto. A importância da filosofia é que a gente pensa em conjunto". Alinhado a esses conceitos, Guilherme diz que "filosofia é um jeito de pensar e falar junto. A filosofia é importante para aprender em conjunto e descobrir coisas que você nunca ouviu falar".

Sob outra ótica, Ana Clara explica que "a filosofia é uma coisa que a gente aprende sobre a importância dos animais, a pensar e aprender sobre a importância das coisas e aprender coisas importantes, o cérebro, a inteligência dos bichos. A filosofia é importante para a matemática, o português. A filosofia para as crianças é importante para ativar o cérebro". Já Cecília afirma que, "filosofia é um modo de pensar consigo e com os outros sobre coisas importantes, legais e divertidas. A filosofia é importante para compartilhar os seus pensamentos e aprender outros pensamentos que você nunca teria pensado". De acordo com Carlos, "a filosofia se relaciona com as ideias perfeitas, e que na aula de filosofia se trabalha com hipótese, argumento, significado, amor e sabedoria. Além disso, também se trabalha com o pensamento, com o diálogo, com o raciocínio e com perguntas". Nesse sentido, essas definições se assemelham às ideias de Marilena Chauí, quando essa afirma que:

> Para dar alguma utilidade à filosofia, muitos consideram que, de fato, a filosofia não serviria para nada, se "servir" fosse entendido como a possibilidade de fazer usos técnicos dos produtos filosóficos ou dar-lhes utilidade econômica, obtendo lucros com eles; consideram também que a filosofia nada teria a ver com a ciência e a técnica. Para quem pensa dessa forma, o principal para a filosofia não seriam os conhecimentos (que ficam por conta da ciência), nem as aplicações de teorias (que ficam por conta da tecnologia), mas o ensinamento moral ou ético. A filosofia seria a arte do bem viver. Estudando as paixões e os vícios humanos, a liberdade e a vontade, analisando a capacidade de nossa razão para impor limites aos nossos desejos e paixões, ensinando-nos a viver de modo honesto e justo na companhia dos outros seres humanos, a filosofia teria como finalidade ensinar-nos a virtude, que é o princípio do bem-viver (CHAUÍ, 2000, p. 11).

Enfim, conforme explicitado por filósofos adultos e crianças, não é tarefa simples definir o que é a filosofia. O que sabemos é que ela pressupõe o ato de filosofar, e esse se dá de forma conjunta durante as aulas, isto é, os estudantes pensam alto. Também sabemos que a filosofia pressupõe a reflexão, que ela é rigorosa e sistemática. A filosofia, é responsável, portanto, pela capacidade de refletir sobre os fatos e acontecimentos sem aceitá-los como óbvios, sem antes tê-los investigado de forma profunda e abrangente. Também nos possibilita conhecer o que são as coisas e porque são da forma que são. Ela faz com que se busque rigor nas investigações e com que os pensamentos se tornem claros, coerentes, e que possam ser expressados por meio de argumentos bem fundamentados. Essa área do saber, portanto, tem como especificidade a busca por argumentos racionais e uma atitude que possui indagação constante.

A FILOSOFIA E AS CRIANÇAS

Agora que já falamos um pouco da filosofia, de seu significado e do quanto é difícil tentar defini-la, vamos abordar um pouco a maneira como trabalhá-la com as crianças.

As definições de filosofia das crianças, assim como seus questionamentos filosóficos, assemelham-se aos questionamentos e conceituações feitos pelos filósofos de diversos continentes ao longo da história da filosofia.

Essa semelhança foi identificada pelo filósofo norte-americano, Mathew Lipman, o precursor de se fazer filosofia com crianças. Para ele, a criança se assemelha ao artista e ao filósofo, dada a sua capacidade de se encantar com o mundo; de, ao olhar para um relógio, por exemplo, se encantar com seu mecanismo de funcionamento e de fazer questionamentos e indagações acerca do que seja o tempo.

Na década de 60, Lipman constatou que, se as crianças na educação básica não estivessem com o pensamento aguçado e imaginativo, esses estudantes chegariam à graduação sem serem capazes de compreender o pensamento dos grandes filósofos e sem serem capazes de desenvolver um pensamento autônomo. Diante disso, ele criou o "Programa de Filosofia para Crianças", com o propósito de ensinar e fortalecer sua racionalidade.

Para esse autor, o desenvolvimento do pensar deveria ser o principal objetivo da educação, e não uma mera consequência das outras disciplinas. Isso porque um pensar bem desenvolvido, uma racionalidade fortalecida, certamente, fará com que o estudante tenha maior êxito nas outras disciplinas.

Nesse sentido, o "Programa de Filosofia para Crianças" compreende formação para o professor, currículo e metodologia específicos: leitura de um episódio da novela filosófica, levantamento de perguntas filosóficas, escolha da pergunta e do tema para ser investigado, diálogo investigativo e filosófico e avaliação da comunidade investigativa (nome dado ao grupo de pessoas envolvidas nesse processo). Por essas vias, o programa se propôs a desenvolver nas crianças habilidades de pensamento com o objetivo de que elas possam emitir melhor juízo de valor em suas vidas, bem como solucionar problemas.

Indubitavelmente, o programa criado por Lipman foi de grande relevância, pois abriu a possibilidade de se fazer filosofia com as crianças, de modo que seu legado deve ser transmitido e respeitado. Graças a ele, surgiram muitas outras possibilidades. Algumas frentes deram continuidade a seu trabalho, seguindo seu programa, outras surgiram a partir de algumas críticas feitas. Contudo, o que a proposta de Lipman, assim como as que decorreram dela, ou ainda as que surgiram a partir das críticas, têm em comum é o entendimento de que a filosofia começa com o questionamento, e esse se inicia com as perguntas.

Desse modo, utilizando uma metodologia mais definida ou seguindo por um caminho mais livre, aquele que conduzirá o filosofar com as crianças deve ter em mente que a filosofia começa com a pergunta. Assim, este livro é um convite para iniciar o filosofar.

COMO COMEÇAR A FILOSOFAR COM AS CRIANÇAS

O primeiro passo é trabalhar com as crianças o que são perguntas, praticar a formulação das perguntas. Para nós, adultos, talvez seja muito simples pensar no que é uma pergunta e como formulá-la. Porém, para as crianças, não é.

Na educação tradicional, de modo geral, as crianças aprendem a dar as respostas. Quem faz a pergunta é o professor. A criança responde, e ainda se espera que responda de forma correta. O erro e a dúvida não são vistos com bons olhos.

Mesmo que o ato de perguntar seja algo natural da criança, e até exista a fase conhecida como dos "por quês" (em que a criança tudo pergunta, tudo quer saber), isso logo é superado, uma vez que os adultos, em sua maioria, sejam os pais, os professores ou responsáveis, demonstrem pouca paciência para explicar tantos "por quês", estimulando a imaginação e a curiosidade das crianças.

Felizmente, com os novos paradigmas educacionais, iniciados pelo construtivismo, começa-se a valorizar mais a curiosidade e a imaginação da criança. Almeja-se que ela seja a protagonista da aprendizagem, que não dê mais respostas prontas e que se engaje também na construção do conhecimento. Nesse contexto, a filosofia tem grande aderência a esses novos paradigmas que pressupõem uma criança com protagonismo, com ideias próprias e uma imaginação fértil e aguçada.

Então, para dar início ao filosofar com as crianças, o primeiro passo é instigar e estimular a formulação de perguntas. E este livro, portanto, é o início da filosofia, é o primeiro passo para quem quer introduzir os pequenos na investigação filosófica. É o primeiro contato da criança com a filosofia.

Mas, antes de iniciar a leitura com a criança, pergunte para que serve a investigação. Durante a leitura, para cada pergunta que for lida, questione sobre que outra pergunta a criança consegue formular a partir daquela feita inicialmente. Caso a criança dê uma resposta, lembre-a de que é para formular perguntas e não pensar nas respostas.

No final da leitura, estimule a criança a escrever a pergunta que está na cabeça dela e, em seguida, peça que desenhe essa pergunta. Você verá o quanto é criativo, estimulante e prazeroso este processo!

Bom filosofar a todos!

REFERÊNCIAS

ARISTOTELES. *Metafísica.* São Paulo: Loyola, 2002.

CERLETTI, A. *O ensino de filosofia como problema filosófico.* Belo Horizonte: Autêntica, 2009.

SAVIAN FILHO, S. J. *Filosofia e Filosofias* – Existência e sentidos. Belo Horizonte: Autêntica, 2016.

LIPMAN, M. *O pensar na educação.* Petrópolis, Vozes, 1995.

CHAUÍ, M. *Convite à filosofia.* São Paulo: Ática, 2000.

CUNHA, M. V. John Dewey e o pensamento educacional brasileiro: a centralidade da noção de movimento. *Revista Brasileira de Educação*, n. 17, p. 86-99, 2001.

DEWEY, J. *Como pensamos*: como se relaciona o pensamento reflexivo com o processo educativo (uma reexposição). Tradução de Haydée Camargo Campos. 4. ed. São Paulo: Companhia Editora Nacional, 1959.

SHARP, A. M.; SPLITTER, L. *Teaching for better thinking*: the classroom community of inquiry. Australia: Brown Prior Anderson Pty Ltda., 1995.

DIRETOR Alcebino Santana
COORDENAÇÃO EDITORIAL Michelle Guimarães
DIREÇÃO DE ARTE Tiago Rabello
REVISÃO Luciano Torres
ILUSTRAÇÕES Evandro Angerami – Aquarela sob papel Canson
CAPA Karol Oliveira
PROJETO GRÁFICO E DIAGRAMAÇÃO Luís Otávio Ferreira

ARTESÃ EDITORA
Rua Rio Pomba, 455 – 30720-290
Carlos Prates – Belo Horizonte – MG

ARTESAEDITORA.COM.BR
FACEBOOK.COM/ARTESAEDITORA
INSTAGRAM.COM/ARTESAEDITORA
(31) 99403-2227
(31) 2511-2040

A587 Angerami, Paula Linhares.
Um passeio pela filosofia com crianças / Paula Linhares Angerami ; ilustrações: Evandro Angerami. – Belo Horizonte : Artesã, 2022.
64 p. : il. ; 30 cm.
ISBN: 978-65-86140-88-0
1. Literatura infantojuvenil. 2. Filosofia para crianças.
3. Filosofia com crianças. 4. Criança e filosofia.
5. Educação. 6. Perguntas e respostas infantis. 7. Investigação.
I. Título.
CDU 821(81)-93

Catalogação: Aline M. Sima CRB-6/2645